Inhalt

Emissionshandel

Kernthesen

Beitrag

Fallbeispiele

Weiterführende Literatur

Impressum

GENIOS WirtschaftsWissen Nr. 01/2003 vom
07.01.2003

Emissionshandel

T.Lippert

Kernthesen

- Durch die neue EU-Richtlinie zum Emissionshandel soll der CO_2-Ausstoß bis zum Jahr 2012 gegenüber 1990 um 8 % verringert werden. (1)
- Der Handel mit den Emissionsrechten soll für den Zeitraum 2005 bis 2012 gelten.
- Auch Deutschland steht dem Emissionshandel nach anfänglicher Skepsis nunmehr positiv gegenüber, nachdem gegenüber der Bundesregierung einige Zugeständnisse im Rahmen der Richtlinie gemacht wurden. (1), (13), (16)

Beitrag

Über ein Jahr hatte sich die deutsche Bundesregierung gegen einen europäischen Emissionshandel gestellt. Am 9. Dezember 2002 haben sich die EU-Umweltminister doch noch einstimmig auf den Emissionshandel verständigt. Damit wird nunmehr ab 2005 das weltweit erste grenzüberschreitende Handelssystem mit Emissionsrechten eingeführt. (1), (2)

Ziel des europäischen Emissionshandels ist es, eine Reduzierung des CO_2-Ausstoßes zu erreichen, um die im Protokoll von Kyoto festgelegten Klimaschutzziele zu erfüllen. Diese heißen für Europa u. a. Reduktion der klimaschädlichen Gase, die für die Erderwärmung verantwortlich sind, bis 2012 gegenüber 1990 um 8 %. (1), (6), (10)

Prinzip des Emissionshandels

Das Prinzip des Emissionshandels besteht darin, dass die einzelnen Staaten bzw. Unternehmen eine bestimmte Anzahl an sog. Emissionszertifikaten, also Rechten zum Ausstoß einer bestimmten Menge an Treibhausgasen, erhalten. Ein Unternehmen, das weniger Schadstoffe emittiert, als es nach der Zahl der vergebenen Zertifikate berechtigt gewesen wäre, kann seine überschüssigen Rechte an andere

Unternehmen verkaufen, die mit der Menge der ihnen zugeteilten Zertifikate nicht auskommen. (17) Schätzungen besagen, dass pro Tonne Kohlendioxid ca. zehn bis dreißig Euro zu zahlen sein werden. (12) Der Zukauf von Verschmutzungsrechten kann für diese Unternehmen günstiger sein, als in teure Umrüstungen ihrer Anlagen zu investieren. Werden dennoch die zugeteilten bzw. zugekauften Quoten überschritten, so ist ein individuelles Sanktionssystem vorgesehen. (15)

Die Zahl der ausgegebenen Zertifikate wird jährlich herabgesetzt, um eine kontinuierliche Schadstoffreduktion zu erreichen.

Die Vergabe der Verschmutzungsrechte soll bis 2008 noch kostenlos erfolgen. Erst danach sollen sie über ein Versteigerungsverfahren verteilt werden. (7) Vom Emissionshandel werden europaweit ca. 4500 Unternehmen betroffen sein, davon rund 2000 allein in Deutschland. (13)

Auswirkungen für Deutschland

Das Hauptargument der Bundesregierung für die ehemals ablehnende Haltung gegenüber der Einführung des europäischen Emissionshandels war die Tatsache, dass Deutschland, ebenso wie Großbritannien, seine Auflagen aus dem Kyoto-Abkommen bereits zum großen Teil erfüllt habe. (12) Dies geschah im Rahmen der in Deutschland praktizierten Selbstverpflichtung der Industrie zur Verringerung der CO2-Emissionen. (12) Ein Emissionshandel sei daher zur Erreichung der Klimaschutzziele in Deutschland nicht nötig. Die Bundesregierung bestand deshalb auf einer Anerkennung dieser bereits erbrachten Vorleistungen. (3)

Zugeständnisse an Deutschland

Gegenüber Deutschland wurden nach langen Verhandlungen deshalb einige Zugeständnisse im Rahmen des Emissionshandels gemacht. (7), (10)

So wurde z. B. der Forderung Trittins nach einer sog. Opt-Out-Lösung nachgekommen. Dadurch wird den Unternehmen die Möglichkeit gegeben, in der ersten Phase des Emissionshandels, also zwischen 2005 und 2007, nicht daran teilzunehmen. Erst ab 2008 besteht dann eine Teilnahmepflicht. (3), (15)

Die Forderung von Bundeswirtschaftsminister Wolfgang Clement nach der Einrichtung sog.

Zwangspools wurde jedoch nicht erfüllt. Danach sollten alle Unternehmen eines Staates in einem Gesamtpool zusammengefasst werden, was zur Folge gehabt hätte, dass nicht offen gelegt worden wäre, welches Unternehmen im Einzelnen wieviel Treibhausgase freisetzt. (11), (13)

Erlaubt ist jedoch die Bildung sog. Branchenpools. Danach besteht für die Unternehmen einer Branche die Möglichkeit, sich freiwillig zu einem Pool zusammenzuschließen und gemeinsam den Kauf und Verkauf von Emissionsrechten zu tätigen. (3), (12)

Vorteil für Deutschland

Durch die bereits seit 1990 in Deutschland getätigten Investitionen in Umweltmaßnahmen kann für die deutsche Industrie durch die Einführung des Emissionshandels mit einer Einsparung von jährlich rund 500 Mio. Euro gerechnet werden, da sie bereits zahlreiche Investitionen in den Klimaschutz getätigt haben und so vermehrt Verschmutzungsrechte verkaufen können. (3), (4), (5) Außerdem besteht für Deutschland die Möglichkeit, moderne Umwelttechnologien in andere EU-Mitgliedstaaten zu exportieren. (6), (11), (13)

Nachteile des Emissionshandels

Die Einführung des europaweiten Emissionshandels ist jedoch auch einigen Kritikpunkten ausgesetzt.

So besteht ein erheblicher Mangel dieses Systems darin, dass es nicht am einzelnen Unternehmen ansetzt, sondern lediglich den Gesamtausstoß aller europaweit verpflichteten Unternehmen im Blickfeld hat. Durch den Emissionshandel werden in globaler Hinsicht nämlich Reduktionserfolge einzelner Unternehmen wieder zunichte gemacht, indem diese Unternehmen ihre nicht verbrauchten Zertifikate weiterverkaufen. Denn der Kauf von Verschmutzungsrechten wird für das entsprechende Unternehmen oftmals günstiger sein, als die Umrüstung seiner veralteten Anlagen. Ein Reduktionserfolg des einen Unternehmens wird somit durch den vermehrten Schadstoffausstoß eines anderen Unternehmens wieder kompensiert. Eine wirkliche Reduktion des Ausstoßes von Treibhausgasen erfolgt also nur durch die jährlich verringerte Anzahl der ausgegebenen Verschmutzungsrechte. (16), (17), (18)

Ein weiteres Problem besteht darin, dass durch den europaweit eingeführten Emissionshandel zwar langfristig der Treibhausgasausstoß in Europa verringert werden kann. Dies wird jedoch nicht gleichzeitig eine weltweite Klimaverbesserung zur Folge haben, da für energieintensive Anlagenbetreiber die Möglichkeit des Ausweichens in Drittregionen, v. a. Entwicklungsländer besteht, wo es noch keine Klimaschutzregelungen gibt. (2), (9), (16)

Ebenso fehlt bislang ein funktionierendes und effizientes Kontrollsystem, mit dem die tatsächlichen Emissionen der einzelnen Unternehmen nachvollzogen werden können. (18)

Fallbeispiele

BP

hat den Emissionshandel bereits seit Jahren freiwillig getestet. Das Unternehmen legte sich selbst die Verpflichtung auf, seinen Treibhausgasausstoß gegenüber 1990 bis 2010 um 10% zu reduzieren. Dazu führte BP bereits 1998 den Emissionshandel zwischen seinen Geschäftseinheiten ein. Ebenso wie bei dem nunmehr EU-weit eingeführten Emissionshandel wurden auch hier jährlich die Emissionskontingente reduziert und Geschäftseinheiten, die ihr Ziel nicht erreichten, finanziell bestraft. Neben dem positiven Ergebnis, dass durch diese Aktion das anvisierte Ziel des Unternehmens bereits 2002, nicht wie geplant erst 2010, erreicht wurde, sparte BP auch noch rund 600 Mio Euro durch eingesetzte neue Verfahrenstechniken und Innovationen. Die **RWE Rheinbraun AG** begrüßt grundsätzlich den Beschluss zum Emissionshandel. Dies v. a. deshalb, da die bisherigen Reduktionserfolge, anerkannt würden. Da diese Anerkennung aber nur bis 2012 gesichert sei und auch nur zunächst eine kostenlose Ausgabe der Emissionszertifikate erfolge, könne noch keine Zusage für den geplanten Bau eines neuen Braunkohle-Kraftwerkes mit besonders niedrigem CO_2-Ausstoß abgegeben werden. Dazu fehle die Planungssicherheit, weshalb das Unternehmen erst den nationalen Emissionsplan abwarten will. (10), (12), (14)

Das Unternehmen **Thyssen Krupp Steel** fordert für die Stahlbranche eine Ausnahme vom Emissionshandel bis zum Jahr 2012. Begründet wird dies mit der hierzulande praktizierten Stahlproduktion in Hütten, bei der durch dabei stattfindende chemische Reaktionen zwangsläufig vermehrt Kohlendioxid freigesetzt werde. (14)

Weiterführende Literatur

(1) Ab 2005 darf mit Emissionsrechten gehandelt werden, Spiegel Online, 09.12.2002
aus Ernährungsdienst 76 vom 05.10.2002 Seite 008

(2) Nachrichten Gegen Kohle-Sonderbonus
aus Frankfurter Rundschau v. 24.12.2002, S.8

(3) Berlin lenkt beim Emissionshandel ein Umweltminister Trittin setzt bei EU-Einigung freiwillige Branchenpool-Lösung für deutsche Firmen durch
aus FTD Financial Times Deutschland vom 10.12.2002, Seite 16

(4) Mit dem Emissionshandel nutzt Umweltpolitik marktwirtschaftliche Mittel Ökologie wird ökonomisch
aus Die Welt, Jg. 52, 10.12.2002, Nr. 288, S. 12

(5) EU beschließt Emissionshandel / Umweltminister einigen sich auf Verkauf von Luftverschmutzungsrechten, Allgemeine Zeitung, Mainz Verlags-Gruppe Rhein-Main, 10.12.2002
aus Die Welt, Jg. 52, 10.12.2002, Nr. 288, S. 12

(6) Eine Riesenchance / Angela Gareis zum Emissionshandel, Allgemeine Zeitung, Mainz Verlags-Gruppe Rhein-Main, 10.12.2002

aus Die Welt, Jg. 52, 10.12.2002, Nr. 288, S. 12

(7) Emissionshandel Kompromiss erzielt
aus Die SparkassenZeitung, 06.12.2002, Nr. 49, S. 2

(8) Emissionshandel heftig diskutiert Unternehmen harren dem Verteilungsplan Nur noch eineinhalb Jahre bis zum Start des Emissionshandels - für die Industrie ein Wettlauf gegen die Zeit
aus WirtschaftsBlatt, 11.12.2002, Nr. 1767, S. A29

(9) www.basf.de
aus WirtschaftsBlatt, 11.12.2002, Nr. 1767, S. A29

(10) Kramer, Wieland, Profitieren vom Kohlendioxid-Handel, Süddeutsche Zeitung, Ausgabe Nordrhein-Westfalen, 14.12.2002, S. 52
aus WirtschaftsBlatt, 11.12.2002, Nr. 1767, S. A29

(11) Hagelüken, Alexander, Vorteil Emissionshandel, Süddeutsche Zeitung, 10.12.2002, S. 17
aus WirtschaftsBlatt, 11.12.2002, Nr. 1767, S. A29

(12) Kramer, Wieland, EU-Umweltminister stellen Weichen für Klimaschutz / Betriebe fürchten Emissions-Handel / Selbstverpflichtung, Süddeutsche Zeitung, Ausgabe Nordrhein-Westfalen, 09.12.2002, S. 1
aus WirtschaftsBlatt, 11.12.2002, Nr. 1767, S. A29

(13) Hagelüken, Alexander, Emissionshandel für Europa in Sicht, Süddeutsche Zeitung, 10.12.2002, S. 18

aus WirtschaftsBlatt, 11.12.2002, Nr. 1767, S. A29

(14) Erleichterung bei RWE Rheinbraun
aus Frankfurter Allgemeine Zeitung, 12.12.2002, Nr. 289, S. 19

(15) EU vor Einigung zu Emissionshandel
aus Frankfurter Allgemeine Zeitung, 09.12.2002, Nr. 286, S. 13

(16) Umstrittener Emissionshandel
aus Frankfurter Allgemeine Zeitung, 02.11.2002, Nr. 255, S. 9

(17) www.wupperinst.org
aus Frankfurter Allgemeine Zeitung, 02.11.2002, Nr. 255, S. 9

(18) www.sfv.de
aus Frankfurter Allgemeine Zeitung, 02.11.2002, Nr. 255, S. 9

Impressum

Emissionshandel

Bibliografische Information der deutschen Nationalbibliothek

Die Deutsche Nationalbibliothek verzeichnet diese Publikation in der deutschen Nationalbibliografie; detaillierte bibliografische Daten sind im Internet über http://dnb.d-nb.de abrufbar.

ISBN: 978-3-7379-1555-7

© 2015 GBI-Genios Deutsche Wirtschaftsdatenbank GmbH, Freischützstraße 96, 81927 München, www.genios.de

Alle Rechte vorbehalten. Dieses Werk ist einschließlich aller seiner Teile – z.B. Texte, Tabellen und Grafiken - urheberrechtlich geschützt. Jede Verwertung außerhalb der Grenzen des Urheberrechtsgesetzes bedarf der vorherigen Zustimmung des Verlags. Dies gilt insbesondere auch für auszugsweise Nachdrucke, fotomechanische Vervielfältigungen (Fotokopie/Mikroskopie), Übersetzungen, Auswertungen durch Datenbanken oder ähnliche Einrichtungen und die Einspeicherung und Verarbeitung in elektronischen Systemen.